LE CAQVET
DES POISSONNIERES.

SVR LE DEPARTEMENT
du Roy, & de la Cour.

VN des iours de ceſte ſepmaine comme fut
leſoir, ie me pourmenois ioyeux pour donner quelque trefue à mes labeurs , & m'eſgayer
vn peu à l'eſcart , ſecouant le ioug d'vne griefue
agitation d'eſprit & mortelle inquietude qui me
trauailloit. I'aperçois vne certaine de ma co-
gnoiſſance queie ne veux nómer pour l'affeótion
que ie luy porte , qui entroit cóme tráſportée de
fureur chez vn Eſcheuin de ceſte ville. Ie prends
reſolution de la ſuiure tát pour me diuertir, que
pour ſçauoir la cauſe pour laquelle elle alloit en
ce logis; elle eſtoit aſſiſtée d'vne autre ieune fémé
que ie ne cognois pas, ie la ſuis donc & me gliſſe
derriere la porte ſubtilemét , ou ie me cache afin
d'entendre les diſcours qu'elles tiédroiét, & venir à la cognoiſsáce du motif qui les faiſoit ache-
miner en ce lieu. Ie ſuis eſmerueillé quei'entends
vne grande aſſemblée de perſonnes qui n'auoiét
pas volonté de rire, mais qui eſtoiét merueilleu-
ſemét affligées, i'ouurois les oreilles & eſtois at-
tentif, comme vn homme qui a quelque ſoupçó
de ſa femme lequel eſcoute touſiours attentiue-
ment lors qu'il l'entend parler auec quelqu'vn

A

(elle n'eſtoit certes pas ma femme, ne vous per-
ſuadez pas cela) ie demeure quelque temps, que
ie ne pouuois facilement conceuoir ce que la
compagnie diſoit.

Mais enfin, i'entens que ceſte femme icy (cõ-
me ie l'entens à ſa parole la frequentant ordinai-
rement)parle en ces termes à vne de ſes comme-
res nommée Ieanne Bernet, poiſſonniere de la
place Maubert.Vrayement ma cõmere il ſemble
à vous voir que vous n'eſtes nullemét faſchée de
l'abſence & du departement du Roy, au moins
vous n'en donnez aucun teſmoignage ny auçu-
ne marque euidente, mais ie croy que peut eſtre
vous portez & couuez dans l'ame la triſteſſe qui
vous geſne, & la douleur qui vous eſpoinct &
bourrelle l'eſprit.

Ieanne Bernet. Que profite il de declarer ſõ
mal manifeſtement, & dõner à cognoiſtre à tous
le tourment qui nous accable veu qu'il ny a aucun moyen d'y donner remede, le Roy eſt party
ma commere, s'en eſt faict, le coup eſt donné, voila Paris encore vne fois bien affligé, de retour-
ner en bref il n'y a pas d'apparence, les affaires
que lon dict qu'il a maintenant ſont trop vrgétes
& de trop grande importance, nous voicy au cõ-
ble de noſtre mal'heur.

Mais dites moy ie vous prie ma cõmere, quel-
les affaires a il pour le preſent, tous les Princes
s'en vont, chacun fuit hors de Paris, le vieil Papelard de Chancelier meſme ſortoit mardy par la
porte de S. Anthoine pour trainer ſa queuë apres
le Roy, que Diable ne laiſſe il viſtemét ſa laquet-
te, il ne voit plus, pour manier les Seaux, il ſem-

ble qu'il eſt temps qu'il rende compte, ſa conſciẽ-
ce eſt bien chargée. Voila vn eſtrange cas que le
Roy ſejourne ſi peu dans Paris.

IEAN. B, I'en ſuis ſi affligée que ie ne ſçaurois
ouurir la bouche pour vous dire la raiſon, n'en
ſçauez vous encore rien pauure femme, il s'en va
à Fontainebleau, mais il y a vne certaine choſe
qui luy ronge bien la ceruelle, helas le pauure
Prince eſt grandement tourmenté, la Cour eſt
bien troublée, le Pere Siguerãd ne ſçait de quels
traiɥs de rhetorique vſer pour apporter quelque conſolation, le Pere Binet auec ſes brocards
& ſes railleries y perdroit ſes parolles: le PereSi-
guerant alloit l'autre iour à S. Louys pour demã-
der conſeil à ceux de ſa compagnie, mais vn certain frere frappart, vn de ceux qui a ſoin de faire
tourner la broche & qui maintenant diſpoſe des
ſauſſes & faiɥ detremper le poiſſon, a promis de
reſcrire (a ce que ma dit vn Pere a Calotte de la
meſme ſocieté) en Eſpagne car il eſt du pays, le
Pere qui a l'oreille du Roy pourra appaiſer la
tourmente.

Mort de ma vie failloit-il que cela arriua, le
Roy d'Eſpagne a-il enuoyé quelque Ambaſſa-
deur, que n'eſt il mort par les chemins affin que
ceſte triſte nouuelle ne fut paruenuë à l'oreille
du Roy, on dit que le Conſeil de France n'eſt pas
beaucoupbon mais celuy d'Eſpagne eſt cent fois
pire, puis qu'il a ſuggeré vn aɥe ſi eſtrange au
Roy, bon Dieu que l'Eſpagnol eſt meſſiant, il
penſe aux choſes futures, ie ne penſe pas qu'il ſe
laiſſe atttraper ſi facilemẽt, il eſt plus ruzé & plus
cauteleux qu'on eſtime, le Frãçois n'eſt pas pour

A ij

est reparangóné à luy. Maudite nation qui nous a
touſiours portee vne inimitié & haine ſi eſträge.
   I. B. voila vne choſe eſtrange que le Roy ne
ſçauroit eſtre en repos , il eſt touſiours trauerſé
de quelque choſe, eſt il poſſible que meſſieurs les
Rochelois le contraignét encor d'aller vers eux,
n'ót ils pas aſſez experiméré ſon bras victorieux.
   Vne Damoiſelle des halles qui eſtoit plus loing
auec l'aſſemblée de meſſieurs les gros marchans,
s'eſcarte & s'en vient vers ces femmes icy, &
leur tient ces propos, que dites vous maintenant
mes Dames , il ſemble que vous ayez l'eſprit ró-
pu & agité de quelque choſe auſſi bien que moy,
voila donc bien tout perdu , le mal'heur nous
accable bien. le commençois à gaigner ma pauure vie, & tout d'vn coup i'ay eſté miſe au blác, ie
croyois auoir amaſſé vne bónepiece d'argét pour
paſſer l'annee a mó aiſe moy & mes enfans, mais
vn meſchant Prouuoyeur ma emporté deux cen
eſcus , c'eſt le Prouuoyeur de monſieur de Ne
mours. Il ma preſenté deux ou troix fois de l
monoye de Flãdres pour excuſe, diſant qu'iln'e
auoit pas d'autres, mais au refus il s'en eſt allé &
ie ne l'ay plus reueu, ſans doute c'eſt de l'argent
de monſieur d'Aumale , ie ne crois pas pourtant
que monſieur de Nemours ſoit party , car il imi-
teroit volontiers l'Empereur Domitian, il s'amu-
feroit à prendre des mouches en ſa chambre tät
il eſt laſche & coüard, il faut pourtant que ie ſois
payée. Ie ne crois pas que ce Prouuoyeur oze
faire cela pour le reſpect de ſon maiſtre. Car ſi
cela venoit à ſes oreilles, il en ſeroit repris.
   Vrayement ma commere (dit vn autre petite

friande) les maiſtres ne s'en font que mocquer,
l'autre iour ie m'allois plaindre à vn certain ca-
mus des mareſts du temple, que chacun cognoiſt
aſſez pour ſa vaillance & grandeur de courage,
que ſon Prouuoyeur me deuoit quatre cens frāc.
(ie craignois qu'il s'en alla auec le Roy) il m'.
fort bien faict reſponce en ſouſriant que ce n'e.
ſtoit pas a luy qu'il ſe failloit addreſſer & qu'il ne
pouuoit que faire à cela. Mais i'ay entendu depuis peu de iours que Dieu l'a puny, car il a perdu
enuiron vingt mille eſcus au ieu, ce qui afflige
fort madame ſa femme, car elle ayme l'eſclat de
l'or, & voudroit volontiers pour aſſouuir ſa cu-
pidité ſe veautrer ſur l'or & l'argét tant elle a ſon
cœur attaché aux biens de ce monde, ne ſuiuant
pas en cela l'exemple de ſon pere, qui a foullé au
pied les treſors & meſpriſé les richeſſes. Mais vne
vieille edentée aagée enuirõ de quatre vingt ans
qui affectionnoit ceſte maiſon, commence toute
bouffie de collere à repliquer, cõment vous auez
tort de parler ainſi, ie fournis le poiſſon chez ſon
frere, mais i'en ſuis fort bien payée, l'argent eſt
touſiours comptant, pas de credit, Dieu mercy,
on ne me doit rien de ce coſté la, ie voudrois à la
mienne volonté que tous ceux auſquels ie liure
ma marchandiſe, me payaſſent auſſi bien comme
on me faict chez luy.

L'argent y eſt touſiours comptant,
Mais les cornes y ſont pourtant.

Vrayement (dit monſieur Martin qui preſtoit
les oreilles à leur iargon) voila de beaux diſcours

que vous faictes là, ne ſçauez vous pas que cét
hôme a trouué la Caille au nid, les Piſtoles ne
luy manquent pas, il a moyen de faire bône chere & de bien payer, les treſors luy ſont venus en
dormant, il a vne belle femme & de beaux eſcus.

Mais ceſt dômage reſpondit de la Vollée qu'il
a trouué le Cabinet ouuert, & qu'il na pas pre-
mier fouillé dans le buffet, toutefois ſi elle a faiĉt
ouurir la ſerrure il n'y a remede, l'argent faiĉt
tout, pourueu qu'il ne porte pas les cornes tout
va bien.

Ma femme s'eſt donné carriere,
Et elle a pris tous ces esbas,
Elle eſt vne bonne guerriere,
Qui ne craint beaucoup les combats.
Encor qu'elle ayt ſoüillé ſa gloire,
Ie n'en pleureray pas pourtant,
Ie mets cela hors ma memoire,
C'eſt aſſez ſi i'ay de l'argent.

Vne ieune camarde vient faire ſes plaintes à
monſieur Môtrouge de ce qu'elle eſtoit reduiĉte
à l'extremité, ie ſoulois (diſoit elle) fournir le
poiſſon au logis de monſieur le Preſident Cheury, & chez monſieur Feydeau, i'eſtois riche ſi
d'auenture le Roy n'euſt pas recherché ſes Finã-
ciers, mais du depuis l'ordinaire n'a plus bien
eſté, tout eſt allé à decadence, au lieu de prendre
pour ſix ou huiĉt eſcus de poiſſons, ils n'en pré-
nent plus que pour troix ou quatre, le pauure
Preſident Cheury eſtoit tellement eſpouuanté
qu'il n'auoit pas le courage de prendre ſes repas

ie croy qu'il auoit crainte de danfer fous la corde
apres auoir tant danfé au Louure comme il a faiĉt
autrefois, fes efcus ont faiĉt miracle, ils l'ont
faiĉt reffufciter Car il eftoit mort d'apprehenfió
qu'il auoit, voila ce que c'eft de tant plumer la
poule, il porte fa Croix fur le manteau tel qu'il
eft, ie ne fçay fi ce n'eftoit pas vn prefage & vn
augure qu'il deuoit auoir pour tóbeau la Croix.
Feydeau eftoit en pareilles affaires, il luy eft bié
venu qu'il auoit vn tel gendre pour le deffendre,
voila quel profit on reçoit de marier fa fille à des
Courtifans, & gens d'efpée, mais i'euffe efté bien
marry qu'on luy euffe faiĉt tort, car i'ay eu beaucoup de fon argent, Dieu luy donne bonne vie &
longue, fi ce mal'heur ne luy fut arriué, i'aurois
a cefte heure pour payer vn certain papelard nó-
mé le Notaire Rofignol, qui demeure en la ruë
S. Anthoine, a qui nous deuons quelque fom-
me d'argent, il feroit content d'aualer toute la
marée il nous enuoye prefque tous les iours de-
mander le meilleur poiffon que nous auons & ce
en tefmoignage du delay que nous faifons a le
payer, c'eft vn eftrange perfonnage, ie ne fçay ce
qu'il veut faire de fes efcus, il fe laifferoit volontiers mourir aupres, tant il eft auare, chiche &
vilain.

Veritablement le bien de l'Eglife eft fort mal
employé, iamais vne fille ne fe doit rendre Reli-
gieufe pour laiffer ces moyens à telles gens. Son
gendre eft plus honnefte homme, il a vne meilleure ame & meilleure confcience, perfonne des
Officiers de l'artillerie ne fe plainĉt de luy.

Quoy, refpondit vne ieune poiffonniere du

Cimetiere S. Iean le mary de laquelle eſt vn des
Officiers. Vrayement vous dites bien , vous ne
cognoiſſez pas le diſciple , luy & ſon Cómis Au-
bert, ſont les deux plus hardis voleurs qui ſoient
dans la ville de Paris, on dit que monſieur Donó
ie veux dire l'arron a gaigné (s'il faut appeller
gaigner vn larcin euident) a l'armée cent mille
eſcus pour payer ſes debtes ce qui enorgueillit ſa
femme, il y a plus de deux mois que mon mary
va tous les iours chez luy pour en eſtre payé de
ſes gages, il eſt impoſſible de pouuoir parler à luy
il ſe faict celer , il s'enferme dans ſon cabinet,
quand le Pape de Rome viendroit & l'iroit de-
mander pour luy dóner abſolution de ſon larcin
il ne ſortiroit pas , tant il eſt empeſché a dreſſer
ſes comptes , ſa femme ne l'eſt pas tant elle ſe
reſiouit & paſſe le temps ioyeuſement, allant vi-
ſiter ſes courtiſans d'vn coſté & d'autre & lors
que ſó mary n'eſt pas au logis elle loge ſes amis.
C'eſt ſe gouuerner en femme de bien, d'exercer
ainſi les actes de charité logeant les pauures &
conſolant les affligez.

Quand mon mary s'en va en ville,
Ie demeure dans la maiſon,
La ou d'vne façon gentille,
I'entonne vne douce chanſon.
Ie fais venir mon Bragelonne,
Pour m'entretenir de diſcours,
Et quand nous n'entendons perſonne,
Nous iouiſſons de nos amours.
Gentil mary prends bon courage,
Si tu es au rang des Cocus,

Ferme

Ferme les yeux & fais le fage,
Mon Pere a encor des efcus.

Vrayement c'eſt bien faict (dict vné droleſſe qui eſtoit de la place Maubert) pour moy puis que mon mary s'en eſt allé auec le Roy, & que i'ay perdu quinze ou vingt eſcus que le valet d'vn vieil reueur de Pedant m'a emporté, ie taſcheray d'auoir de l argent d'ailleurs. Ie n'ay pas enuie de faire encore banqueroutte à ceux qui m'ont fait credit, ſi ie ne les paye d vne façon, ie les payeray d'vne autre, pourueu qu'ils me veullent croire, voicy les bons iours il faut gaigner de l'argent au parauant que chacun s'adonne à la deuotion. Il me faut faire les œuures de Charité logeant les aueugles, comme faict la femme d'vn Procureur du Chaſtellet qui fait la deuote, & lors que ſon badaut de mary va vendre ſon caquet & gratter le papier, elle va à Confeſſe dans la chambre d'vn qui luy donne l'abſolution par le deuant.

Ieanne le Noir du marché Nœuf ſe tient offenſée de tels diſcours, elle la fait taire & luy parle en ces termes, il n'eſt pas temps de compter icy des fornettes, il ne faut pas chanter deuant vn affligé n'y rire deuant vn qui pleure.

Il eſt vray dit le ſieur Bonard, certes vous auez raiſon ie ne ſçaurois maintenant ouyr parler que de l infortune qui nous eſt arriué, mó cœur fond en larmes quand i y penſe, ie voudrois bien prendre patience & toutes fois ie ne puis, contentez vous donc ma bonne amie, ſi nous ſommes aſſez affligez, n'augmentez pas l'affliction, par

vos fales & impottuns difcours. Ie perds ce Carefme prefque deux mille efcus, n'ay pas occa-
fionde rire, ie fuis pour le moins autant affligé
que monfieur de Crequy qui perdit ces iours
paffez vingt mille efcus auec vn beau diamant
d'vn fort grand prix, toutes fois il me femble qu'il
ne doit auoir aucune occafion de s'attrifter, car
outre que fes coffres font affez fournis, le Con-
neftable en amaffe pour luy. L efperance qu il a
luy doit apporter vne confolation, & bannir de
fon efprit toute trifteffe. Les freres de Luyne ont
bien plus grande occafion de detefter leur fort
& s'affliger, car ils font comme Chahuans qui
n'ofent paroiftre au iour, ils ont voulu comme
Papillons s'approcher trop pres de la chandelle
ils fe font bruflez les aifles, & ne doiuent plus a
rien afpirer qu'à viure doucement auec leurs femmes qui mordent fouuent leurs leures de fafche-
rie qu'elles ont d'auoir efté deceuës Bon Dieu i ef-
perois faire vn grand gain ce Carefme, mais le
fubit departement du Roy m'en a bien ofté le
moyen.

L'Euefque lequel efcoutoit ces difcours, comme c'eft vn fort bon cors d'homme tafche à les
confoler tous, & par des paroles douces & amia-
bles prend peine de leur ofter lénuy & la trifteffe
qui les furmontoit, mes amis, & chere compa-
guee(dit il) il faut prendre patience parmi les
miferes du temps nous fommes en vn miferable
fiecle, nous ne fommes pas feuls qui fommes affligez, iay auffi bien perdu comme vous, mais
neantmoins ie ne me laiffe pas emporter ainfi à

l'ennuy. Ie combats la douleur qui me vient en-
uirouner, que si i'ay perdu ce Caresme, l'année
prochaine ma perte sera remplie auec la grace de
Dieu, ie suis d'vn naturel que i'espere tousiours,
semblable à celuy qui esperoit auoir les Seaux, &
espere encor mais en vain possible, que profite il
à vn homme de se desesperer pour chose qui arri-
ue ? celuy qui a vendu son office soubs l'esperance
de faire vne meilleure fortune par la faueu de feu
monsieur de Caumartin a subiect de s'attrister
car pauure homme il se voit pipé & frustré de son
esperance, & recognoist qu'il ne faut pas tant met-
tre sa confiance ès chose de ce monde, la mort a
empesché son dessein, & il est contrainct de gemir
& souspirer amerement.

Certes vous dittes bien (respondit monsieur de
la Volée) nous auons des compagnons & ne sommes pas seuls qui sommes tombez en la disgra-
ce de la fortune, ie vois que les plus grands Princes, & les plus grandes Princesses de la Cour, trem-
pent dans vn mesme mal'heur, ie cognois vne
pauure Dame qui estoit retournée d'Italie pour
le mauuuas traittement de son mary espe ant de
se venir ranger sous les aisles de son frere, mais le
sort a voulu au grand regret de tout le Royaume
qu'il a ressenti deuant Montauban les traicts fune-
stes & rigoureux de la cruelle Parque. Tellement
qu'elle souspire & sanglotte iour & nuict, & est
contrainte de faire comme les ieunes filles que
leurs parens ne veulent assez tost marier, elle
prend sa queue entre ses mains & prend patience Pour moy ie ne seray pas saisi d'vn desespoir
comme celuy qui nous a deuancé que chacun

cognoit aſſez pour le traict digne d'admiration
qu'il a faict, lequel ne pouuant obtenir de ſa Ma-
jeſté ce qu'il deſiroit & accomplir ſes deſſeins
s'eſt fait enterrer au pont ou vous ſçauez , ô Se-
pulchre merueilleux? ô Tombeau honorable ? ſa
ſottiſe eſtoit grande & ſon aueuglement eſtrange, i'ay peur toutefois que quelqu'vn de la Compagnie face le meſme Dieu ne vueille, i'ay reſolu
pour moy d'eſtre touſiours comme vn ferme ro-
cher contre les tribulations qui me ſuruiendroit.
Si ie ne fais pas bien mes affaires en ce monde
& ſi la fortune m'eſt contraire, il n'y a remede
c'eſt ſigne que Dieu m'ayme, & que i'auray mes
ſouhaits en l'autre monde. Belle reſolution, courage donc vous autres qui eſtes tombé en affliction. Monſieur de Scomberg reſiouyſſez vous
c'eſt vne marque que le Ciel vous fauoriſe, ſi le
brigand & voleur de Mercure eſt mis au nombre
des Dieux, pourquoy ny ſerez vous pas mis auſſi
bien comme luy.

Martin vn de ceux qui recoit les deniers entendant qu'il parloit ainſi, & admirant ſa conſtance
commence a ſecoüer le ioug de la douleur, &
s'eſgayer luy parlant en ces termes, vrayement
nous ſommes inſenſez de nous tant affliger pour
les biens de ce monde, n'auez vous pas parlé au-
iourd'huy à monſieur Chanteau, on m'a dit qu'il
veut vendre ſon lict en broderie, eſt-il poſſible, ie
ne le crois pas, certes s'il le fait c'eſt vne marque
euidente qu'il a bien perdu auſſi bien comme
nous.

Madame Roberde qui eſtoit en vn coing triſte

& toute esplorée, comme saisie de fureur & de rage, & faisant distiller de ses yeux vn torrent de pleurs, accusant la seuerité du Ciel & blasmant son sort, s'escrie en ces termes, les cheueux espars ventilloient de toutes parts, sa face estoit toute battu , bref elle estoit en vn triste & deplorable esquipage.

Voila la chance retournée
Au diable soit le poisson,
Ie voudrois que de ceste annee
I'en eusse veu en ma maison.

Mais vne autre Poissonniere la voyant en ces piteux estas commence à luy repartir, à la verité ie ne scay pourquoy vous vous affligez tant Sus sus quittez vos pleurs & vos sanglots, ie deurois bien donc auoir iuste occasion de me laisser saisir à la douleur moy qui ay tant presté, que ie suis pauure maintenant. Vous scauez que chacun m'a abuzé, il n'y a prouoyeur n'y cuisinier qui ne m'ait trompé, les vns m'ont emporté cent francs, les autres deux cent, & les autres cent escus i'ay encore vn cheual d'argent chez nous, comme vous scauez, lequel est pour gage, il me faut mourir de faim aupres: car de le vendre ou de l'engager ie n'ozerois! veu que celuy auquel il appartient à trop de credit, & de puissance. Il me ruineroit il n'y a rien qui me puisse consoler sinon que l'on me doit encor vn peu d'argent chez Monsieur le Chancelier : Mais ce vieux radoteur là est si chiche qu'il est impossible de tirer

de l'argent de luy, ſes Officiers ſont aucunefois
au deſeſpoir, quand on luy parle d'aller foüiller
dans ſes coffres il a la goutte mais quand on luy
parle d'aller receuoir de l'argent il va gaillarde-
ment. Vous diriez à le voir qui n'a iamais eu les
gouttes. Regardez comment il ſuit le Roy, il a
enuie d'emplir ſes Seaux pour le certain, ie n'ay
pas tant de peine d'eſtre payée de Monſieur de
Beaumarché, c'eſt vn honneſte homme, tous
ſes ſeruiteurs ſe louent bien de luy, c'eſt dom-
mage que cét homme là n'a de l'eſprit, mais i'ay
entendu que c'eſt vne vraye pecore, aux Aſnes
touſiours l'auoine vient, mais elle manque aux
Cheuaux qui ſont capables de quelque choſe de
bon.

Vn bon Compagnon de Seruiteur qui eſtoit
derriere, entendant tous ces diſcours, ſe leue &
leur dict: mais on ſe plaint bien icy de tous les
Bourgeois & Meſſieurs de ville, qu'on perd à la
vente du poiſſon, mais perſonne ne parle de ce
que vous auez perdu apres Meſſieurs de la Religion. Le pauure ignorant ne ſcauoit pas, ou bien
il le diſſimuloit, que telles gens n'vſent point de
ceſte viande l'ay veu, dict il, vn certain qui venoit de Charenton, lequel ſe gabboit de vous autres, diſant qu il vous faudroit ſaller voſtre poiſſon pour l'année prochaine, mais il eſperoit à
l'entendre que le Pape auoit reſolu de deffendre
le Careſme, ie ne ſcay ſi c'eſt la verité, les Cele-
ſtins alors auroient beau manger poiſſon. Vray-
ment nous les verrions encore vne fois auſſi gras
qu'ils ſont. Il feroit bon prendre la robbe en ceſte

Religion afin de faire bonne chere, encore bien
que leur trongne ordinaire demonſtre aſſez cui-
demment qu'ils ne ieuſnent nullement, ou s'ils
ieuſnent, qu'ils font de bons repas. Ie cognois
vn bon Pere la dedans qui m'a confeſſe qu'il man-
ge tous les iours de quarante ſortes de mets pour
vn ſeul repas auec vne quarte de bon vin, a vingt
cinq ou trente eſcus le muys, & demy douzaine
de bonnes miches, ne voilà pas vn bon traiĉte-
ment.

Certes ie ne ſçay comment ils ne deuiennent
pas amoureux: car tant plus qu'vn homme eſt
bien traiĉté d'autant plus ſa concupiſcence s'al-
lume & s'enflamme. Toutesfois quand ils le ſe-
roient leur Prelat l'eſt bien. Celuy qui doit eſtre
la lumiere, le flambeau & le Phare del Egliſe, ſe
laiſſe trahyr & piper par ſes paſſions, c'eſt peut-
eſtre qu'il ne ſçauroit à quoy paſſer le temps
l'oyſiueté engendre beaucoup de maux, de feuil-
letter les liures, ie ne ſçay s'il a la teſte chargée de
ſcience, pour moy i eſtimerois que c'eſt vn Aſne
coiffé d'vne Mitre, ſauue le reſpeĉt que ie luy,
dois, quand cela ſeroit, il n'eſt pas ſeul, i'en cognois d'autres tant Prelats que Paſteurs, comme
le Paſteur de S Germain le vieil, qui auec ſa grande barbe de Bouc, ne meriteroit que conduire les
Oyſons, qu'il ne s'en faſche pas: Car ie ſcay qu'il
s'eſtime eſtre vn grand Prophete entre Meſſieurs
les Curez de Paris,

Monſieur l Eſcheuin cependant qui s'amuſoit
a parler à ceux de ſon logis touchant le ſoupper,

vient reioindre la compagnie, & voyant qu'il e-
ftoit enuiron huiÛ heures du soir il les congedie,
les coniurant tous de ne se pas attrister, & pro-
mettant qu'il mettroit ordre à tout. Cependant
de vous dire ce qui fut diÛ à la sortie ie ne scau-
rois : car de peur d'estre descouuert. Ie commen-
çay à esquiuer & fuit vistement, ils pourront
faire vne autre assemblée, peut estre vous en en-
rendrez parler, quant à moy ie n'y veux plus aller,
car vers S Innocent ie courug and rixe & grand pe-
ril de perdre mon manteau & auoir les es-
paulles graissées d'vne graisse de coups de ba-
ston.

FIN.

www.ingramcontent.com/pod-product-compliance
Ingram Content Group UK Ltd.
Pitfield, Milton Keynes, MK11 3LW, UK
UKHW020158080726
13614UKWH00006B/2575